Winfried Hecht

Rottweil und seine Zünfte

Winfried Hecht

Rottweil und seine Zünfte

Rottweil 2003

Eigenverlag der Rottweiler Zünfte

Winfried Hecht

Rottweil und seine Zünfte

Herausgegeben im Eigenverlag der Rottweiler Zünfte, 2003

ISBN 3-928873-21-0

Bibliografische Information der Deutschen Bibliothek
Die Deutsche Bibliothek verzeichnet diese Publikation in der Deutschen Nationalbibliografie; detaillierte bibliografische Daten sind im Internet über http:/dnd.ddb.de abrufbar.

Alle Rechte vorbehalten.
Nachdruck, auch auszugsweise, nur mit ausdrücklicher Genehmigung des Verlags und des Verfassers.

Printed in Germany

Gesamtherstellung:
Banholzer GmbH Offsetdruck, Trossingen

Förderer dieser Schrift

Hauptsposoren diese Bandes und unserer Ausstellung:

Kreissparkasse Rottweil
Unternehmen der Finanzgruppe
Stiftung für Kunst-, Kultur- und Denkmalpflege

HANDWERKS KAMMER KONSTANZ

Katholische Kirchengemeinde Heilig-Kreuz-Rottweil

Weitere Sposoren:

Innungskrankenkasse Rottweil-Tuttlingen

SIGNAL IDUNA

Metzger-Innung Rottweil

Dr. Wolfram Schmidt Rottweil, Zunftmitglied

Karl-Heinz Bucher, Zunftmitglied

Peter Hugger, Rottweil
Zunftmeister der Müller-Fuhrleute-Zunft

Robert Mager, Rottweil
Zunftmeister der Schumacher-Zunft

Karl Hezinger, Rottweil
Zunftmeister der Metzger-Zunft

Patrik Mink, Rottweil
Zunftmeister der Maurer-Gipser-Steinmetz-Zunft

Willi Schwaibold, Rottweil
Zunftmeister der Krämer- und Glaser-Zunft

Dr. Winfried Hecht, Zunftmitglied

und weitere Geld- und Sachspender

Dieser Band ist zugleich Begleitbuch der Ausstellung „Rottweil und seine Zünfte" in der Kreissparkasse Rottweil (1. bis 27. Juli 2003) im Rahmen der Heimattage Baden-Württemberg 2003.

Rottweil und seine Zünfte

Grußwort

Die Rottweiler Zünfte prägen das Leben „ihrer" Stadt seit Jahrhunderten. Bis 1802 bestimmten sie in hohem Maß die Politik der Reichsstadt. Heute tragen die 15 aktiven Zünfte in Rottweil wesentlich das kirchliche Brauchtum, vor allem an Fronleichnam oder mit der Monatsprozession im Heilig Kreuz-Münster. Diese Traditionen sind einmalige Rottweiler Besonderheiten.

Dargestellt in Wort und Bild wurden die Zünfte unserer Stadt bisher nicht. Dies geschieht 2003 mit diesem Buch zu den Rottweiler Heimattagen und aus Anlaß einer Ausstellung in der Rottweiler Kreissparkasse, bei der die Zünfte dem breiten Publikum ihre Zunftfahnen und weitere Kostbarkeiten aus ihrem Leben zeigen. Damit wird in verständlicher, eingängiger Form dokumentiert, was es zu den Rottweiler Zünften heute in ihrer Heimatstadt zu sagen gibt.

Ich begrüße diese Veröffentlichung ausdrücklich. Gerne danke ich den Rottweiler Zünften für ihr Engagement bei ihrer Vorbereitung sowie allen, die sie dabei unterstützt haben. Sicher wird dieser Band für die Zünfte selbst Ansporn und Ermutigung sein, sich auch in Zukunft einzusetzen, wenn es gilt, ehrwürdige und schöne Traditionen an künftige Rottweiler Generationen weiterzugeben.

Gutes Gelingen wünsche ich dabei mit dem alten Zunftgruß „Das walte Gott!"

Thomas J. Engeser
Oberbürgermeister

Grußwort

Die Rottweiler Zünfte stellen sich mit dem vorliegenden Band im Jahr der baden – württembergischen Heimattage in Rottweil vor. Dies geschieht mit Stolz und Selbstbewußtsein und zugleich in Dankbarkeit.

Stolz sind die Rottweiler Zünfte auf ihre über 700jährige Tradition. Diese lange Zeit haben sie nicht einfach hinter sich gebracht, sondern im Rahmen der Rottweiler Geschichte maßgeblich und verantwortungsbewußt mit gestaltet. Darüber hinaus tragen sie im Bewußtsein ihrer Zusammengehörigkeit bis heute einen Teil des schönen, kirchlichen Brauchtums dieser Stadt.

Selbstbewußt sind die Rottweiler Zünfte, weil sich bei ihnen bis heute Handwerker und Kaufleute zusammengefunden haben, die im Alltag bei der beruflichen Arbeit ihr Können in schwieriger gewordenen Zeiten der Allgemeinheit zur Verfügung stellen. So haben sie sich teilweise geöffnet für weitere Rottweiler Bürger mit anderem beruflichen Hintergrund, aber ähnlicher Einstellung.

Dankbar sind die Rottweiler Zünfte und ihre Mitglieder allen, die dazu beigetragen haben, daß dieses „Zunftbuch" entstehen konnte. Rottweils Zünfte wollen nach Kräften dazu beitragen, daß diese Veröffentlichung über Vergangenheit und Gegenwart hinaus für sie in eine Zukunft weist, die in Rottweil ohne sie ärmer wäre.

Mit unserem alten Zunftgruß „Das walte Gott!"

Willi Schwaibold
Sprecher der Zünfte

Inhalt

Förderer dieser Schrift	S. 5
Grußworte	S. 6
Zu Selbstverständnis und Struktur der Rottweiler Zünfte	S. 9
Aus der Geschichte der Rottweiler Zünfte	S. 13
Die einzelnen Rottweiler Zünfte und ihre Fahnen	S. 16
Die Rottweiler Zünfte von 1880 bis zur Gegenwart	S. 50
Rottweiler Zunftaltertümer	S. 52
Literatur zur Rottweiler Zunftgeschichte	S. 55

Die Aufnahmen mit den Rottweiler Zunftfahnen verdanken wir Roland und Iris Roth; die Fahnen-Abordnungen der Zünfte fotografierten Paul Gerstner und Jürgen Bollinger; die Zunftlaternen hat Eugen Blessing aufgenommen. Ihnen allen ein herzliches Dankeschön.

Zu Selbstverständnis und Struktur der Rottweiler Zünfte

In den Städten der Antike oder in Byzanz waren Handwerker in zunftähnlichen Kollegien zusammengeschlossen. Die frühesten mittelalterlichen Nennungen von Zünften im deutschsprachigen Raum stammen aus dem 11. bzw. 12. Jahrhundert, wobei sich die entsprechenden Gruppierungen erst zu eigenständigen, rechtsfähigen Körperschaften entwickeln mußten. So führt der Weg vom Privileg der Mainzer Weber von 1099 über die Bruderschaft der Würzburger Schuhmacher von 1128, der Kölner Bettziechenweber von 1149 hin zur Zunft der Schuhmacher von Magdeburg im Jahre 1157.

Zunft bedeutet, „was sich ziemt". Die Zunft stellte in diesem Sinn den gesellschaftlichen Rahmen dar, in welchem sich Arbeit, Freizeit, Religion und Politik für ihre Angehörigen nach festen Grundsätzen abspielten. Es bestand für gewöhnlich „Zunftzwang".

Vor diesem Hintergrund regelten auch die Rottweiler Zünfte im Benehmen mit dem Rat der Reichsstadt in ihren satzungsartigen „Artikeln" den Einkauf von Rohstoffen, Standortfragen für Arbeitsstätten, den Betrieb gemeinschaftlicher gewerblicher Einrichtungen, Löhne, Preise und Absatz der hergestellten Waren, deren Qualität und ihre Überwachung durch die „Schau", die Modalitäten beim Markt, die Ausbildung des Nachwuchses oder die Arbeitszeit sowie die materielle Sicherung von nicht mehr arbeitsfähigen Zunftgenossen oder ihren Angehörigen.

Foto: Stadtarchiv Rottweil
Artikelbuch des Rottweiler Buchbinderhandwerks von 1765
Original im Stadtarchiv Rottweil

Foto: Stadtarchiv Rottweil
Rottweiler Achtzehnerscheibe von 1604
Original im Württembergischen Landesmuseum Stuttgart

Die Freizeit wurde in der Trinkstube oder der Herberge der Zunft verbracht, in der nicht nur das Zunftzeichen, die Zunftpokale und in der Zunftlade die wichtigsten Dokumente und das Siegel der Gemeinschaft verwahrt wurden, sondern wo man gemeinsam Lieder sang, an Festen tanzte oder sogar Theater spielte. Hier hieß man außerdem wandernde Gesellen willkommen und brachte sie unter, bevor sie weiter wanderten oder in Rottweil Arbeit fanden. Von ihren Zunftstuben führen vielfach kulturelle Verbindungen der Rottweiler Zünfte, beispielsweise hin zur Fasnet.

Im kirchlichen Bereich nahmen die Zunftangehörigen als Gruppe teil an der Messfeier, Andachten oder dem Rosenkranzgebet, an Prozessionen, Wallfahrten und Bittstunden. In einer der Rottweiler Kirchen hatten die Angehörigen einer Zunft meist einen eigenen Kirchenstuhl, oft einen besonderen Altar und manchmal sogar einen eigenen Kaplan. Am Fest des jeweiligen Schutzheiligen einer Zunft arbeiteten deren Mitglieder nicht, sondern feierten. Gelegentlich hatten die Zünfte eine gemeinschaftliche Grabanlage auf dem Kirchhof, jedenfalls aber einen Jahrtag, an welchem man für die verstorbenen Angehörigen der Zunft betete.

Foto: Stadtarchiv Rottweil
Hl. Petrus vom Rottweiler Weberzunft-Altar im Heilig Kreuz-Münster (1510)

Foto: Stadtarchiv Rottweil
Rottweiler Achtzehnerscheibe des Sebastian Spiler, heute im Saal des alten Rottweiler Rathauses (1634)

Auf den Zunftstuben wurden anstehende Fragen der Stadtpolitik beraten, Wahlen zum Rat der Stadt oder zum Gremium der Achtzehner vorbereitet, von den Zunftmeistern aber auch in bestimmten Rechtsfällen Urteile gefällt. Im Rat der Stadt traten die einzelnen Zünfte vielfach als geschlossene Gruppierungen in der Art moderner Fraktionen auf. Einzelne Meister wurden von Fall zu Fall eingesetzten Kontrollorganen des Rates zugeordnet.

In Fehde und Krieg versammelten sich die Angehörigen einer Zunft unter ihrer Zunftfahne und verteidigten ganz bestimmte Abschnitte der Stadtbefestigung. Schon die Musterung erfolgte im Rahmen der einzelnen Zünfte, die im 18. Jahrhundert „Korporalschaften" unter Führung von Männern aus der Herrenstube bildeten. Die „100 Knechte", die in Rottweil am Anfang der Feuerwehr stehen, wurden gleichfalls aus den Reihen der Zünfte aufgestellt.

An der Spitze der Zunft standen für gewöhnlich zwei Zunftmeister. Für die kirchlichen Aufgaben verantwortlich waren die beiden Lichtpfleger. Meist zwei Meister waren für die Finanzen der Gemeinschaft zuständig. Ein Zunftknecht lud zu den Veranstaltungen der Zunft oder kümmerte sich um das Zunftlokal. Vielfach erstreckte sich die Amtsdauer in den Zünften über ein Jahr. Zu den Ämtern in den Zünften wurde gewählt, vielfach in einem ausgesprochen komplizierten Verfahren.

Die Schutzpatrone der Rottweiler Zünfte und Handwerke

Bäcker	St. Nikolaus
Bader und Scherer	St. Maria Magdalena
Bierbrauer	St. Florin
Buchbinder	St. Petrus Coelestin
Friseure	St. Patricius
Fuhrleute	St. Leonhard
Gerber	St. Bartholomäus
Gipser, Maurer und Steinmetze	St. Michael
Kaminfeger	St. Florian
Krämer	St. Nikolaus, St. Michael
Küfer	St. Urban
Maler	St. Lukas
Metzger	St. Lukas (Lamm Gottes)
Müller	St. Katharina von Alexandrien, St. Margaretha
Ofensetzer (Hafner)	St. Florian
Sattler	St. Gualfardus
Schmiede	St. Elogius, St. Verena
Schuhmacher	St. Crispin und St. Crispinian
Schneider	St. Homobonus (Gutman)
Schreiner	Heilige Familie
Weber	St. Petrus, St. Ulrich, St. Severus
Zimmerleute	St. Andreas, St. Joseph

Foto: Hartwig Ebert
Das einstige Zunfthaus „Mohren" der Rottweiler Müller und Bäcker

Foto: Hartwig Ebert
Das einstige Zunfthaus „Blume" der Rottweiler Schneider

Zunftherbergen und Handwerksstuben im reichsstädtischen Rottweil

Krämer	Friedrichsplatz 10	Tucher	Obere Hauptstr. 33
Müller und Bäcker	„Mohren" (Friedrichsplatz 11)	Schmiede	Obere Hauptstr. (123 alt)
Metzger	Metzig (Mitte U. Hauptstr.)	Nagelschmiede	„Paradies" (Waldtor Str. 15)
Schneider	„Blume" (Hauptstr. 18)	Wagner	„Alte Post" (Flöttlinstor Str.)
Schuhmacher	„Bären" (Hochbrücktorstr. 14)	Strumpfstricker	„Roter Löwen" (U. Hauptstr. 66)
Weber	Obere Hauptstr. (122 alt)	Maler	„Hecht" (Hochbrücktorstr. 8)

Aus der Geschichte der Rottweiler Zünfte

Rottweils Zünfte sollen nach in der Reichsstadtzeit unbestrittener Überlieferung von König Rudolf von Habsburg Ende des 13. Jahrhunderts gegründet worden sein, obwohl der Herrscher nicht immer besonders „zunftfreundlich" war. Die Rottweiler Zünfte werden 1314 erstmals genannt. 1378 wurde ihnen volles politisches Mitwirkungsrecht und die Kontrolle der gesamten städtischen Politik durch das von ihnen zu besetzende Gremium der Zweiundzwanziger zugestanden; diese Regelung blieb bis zum Ende der Reichsstadtzeit im Jahre 1802 sinngemäß gültig.

Zunächst gab es folgende elf Zünfte in Rottweil:

Kramer	Schmiede
Metzger	Bäcker und Müller
Tucher	Gerber
Schuhmacher und Sattler	Weber und Seiler
Schneider	Obstler
Neue Zunft	

Foto: Stadtarchiv Rottweil / Dr. H. Hell
Die „Metzig" der Rottweiler Metzger in der unteren Hauptstraße auf der Rottweiler Pürschgerichtskarte des David Rötlin (1564)

Die Obstler führten im Wappen eine Traube und lebten vom Verkauf von Früchten und dem bis um 1600 betriebenen Rottweiler Weinbau. In der Neuen Zunft waren vor allem die Scherer und Bader.

Foto: Stadtarchiv Rottweil
Siegel der Rottweiler Tucherzunft (1625 ?)
Verbleib des Originals unbekannt

1504 wurde die Zahl der Rottweiler Zünfte auf neun festgesetzt; dabei blieb es bis zum Übergang an Württemberg. Die Bader und Scherer wurden der Kramerzunft zugewiesen. Die Obstler, die zuletzt noch einen Jahrtag in die Kapellenkirche gestiftet hatten, verschwanden. Zum Vergleich: Auch die Nachbarstadt Villingen hatte neun Zünfte, Augsburg schon 1368 siebzehn, Ulm einundzwanzig, Ravensburg acht, Überlingen seit 1426 sieben, Wangen vier, die Kleinstadt Schömberg dagegen bis ins 17. Jahrhundert nur eine einzige Einheitszunft.

Nur die „Herrenstube" umfaßte Rottweiler vornehmen Standes, welche nicht zünftig waren, auch wenn die Herrenstube kurzfristig selbst als Zunft behandelt wurde. Handwerkliche Berufe, die sonst nicht in das Rottweiler „Zunftraster" paßten, wurden nach dem Prinzip des Zunftzwanges durch das Los den verschiedenen Zünften zugeteilt, so etwa die Wirte, die Maurer und die Zimmerleute. Man hat diese Handwerker dann als „Gespielte" bezeichnet.

Foto: Stadtarchiv Rottweil
Stuhlwange im Heilig Kreuz-Münster in Rottweil mit dem Wappen der Schmiedzunft

Schon 1441 unterhielten alle elf damaligen Rottweiler Zünfte in Heilig Kreuz als der Hauptkirche ihrer Heimatstadt eigene Lichter, worunter man sich Ölampeln vorstellen kann. Um 1600 werden die Rottweiler Zünfte im Zusammenhang mit den Prozessionen an Christi Himmelfahrt und vor allem an Fronleichnam genannt; das gleiche gilt für den „Öschritt", eine Flurprozession zu Pferd. Wahrscheinlich war es aber auch in Rottweil schon früher üblich, an solchen Prozessionen „zunftweiss" teilzunehmen. Auch die Monatsprozessionen in Rottweil gehen unter Beteligung der Zünfte auf jeden Fall zurück bis in die späte Reichsstadtzeit. Mitgestaltet haben die Rottweiler Zünfte 1743 die feierliche Prozession aus Anlaß der Hundertjahrfeier des Wunders der Augenwende in der Predigerkirche. Bevorzugte Plätze müssen bei Prozessionen die Angehörigen der Schmiedezunft mit besonders großen Kerzen eingenommen haben. Nach Zünften eingeteilt kam die Rottweiler Bevölkerung in besonderen Notlagen auch zu Betstunden in die Kirchen der Stadt. Andererseits sprachen sich Angehörige der Schmied- und der Weberzunft 1529 besonders nachdrücklich für den Übergang zur Reformation aus.

Foto: Stadtarchiv Rottweil
Zeichen der Rottweiler Gerberzunft auf einer Stuhlwange im Heilig Kreuz-Münster (um 1700)

Innerhalb der einzelnen Zünfte bildeten sich seit dem Spätmittelalter durch Spezialisierung Handwerke heraus, die bald eigene Ordnungen erhielten und sich in besonderen Handwerksstuben trafen. Nach dem Dreißigjährigen Krieg organisierten sich die Rottweiler Handwerke gelegentlich auch über die Grenzen der Reichsstadt hinweg in sogenannten Laden. Der Handwerksnachwuchs war in der Reichsstadt in zwei, gleichfalls im Stadtrecht verankerten „Gesellschaften" organisiert, von denen die Engelsgesellen die bekanntere bildeten. 1785 regelte der Rottweiler Magistrat letztmalig in der Reichsstadtzeit die rechtlichen Vorschriften für die Zünfte und Handwerke der Stadt.

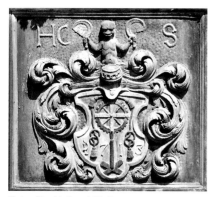

Foto: Dr. Hellmut Hell
Handwerkerwappen des Rottweiler Bortenwirkers Hans Christian Sichler von 1713 am Haus Hauptstraße 21

Foto: Bodo Schnekenburger
Handwerkszeichen der Rottweiler Bortenmacher

Nach dem Ende der Reichsstadtzeit wurde der Souverän des 1806 zum Königreich erhobenen württembergischen Staates Garant des Rottweiler Zunftwesens. Er delegierte zu den einzelnen Handwerken, die jetzt als Zünfte erscheinen, Mitglieder des Rottweiler Stadtrates mit dem Titel eines „Obmann" als Vertreter der Staatsmacht. Die Zünfte werden nun in der Regel zuständig für alle Handwerker eines Handwerkszweiges, ab 1828 im betreffenden Oberamt. So stellen sie auch Dokumente wie Gesellen- oder Meisterbriefe aus. Der Magistrat durfte von 1836 an das Meisterrecht nicht mehr verleihen, welches in vielen Fällen mit dem aktiven Bürgerrecht verbunden war.

Die Wirtschaftspolitik des Königreichs Württemberg zielte von Anfang an ab auf eine Liberalisierung der in 57 Gewerben organisierten handwerklichen Betätigung. So wurde schon 1828 den Bierbrauern, Müllern, Zieglern und Kaminfegern der Zunftzwang erlassen. Das Jahr 1862 brachte schließlich allen Handwerkern die Gewerbefreiheit. Als Symbol für die Abschaffung der Zünfte wurde auf der Rottweiler Bruderschaftshöhe südwestlich der Stadt als Symbol einer vergangenen Zeit ein riesiger Zunftzopf verbrannt.

Danach führte der Weg die meisten Rottweiler Handwerker bis heute in überörtliche Innungen, welche 1881 bzw. 1884 per Reichsgesetz auf freiwilliger Grundlage, 1897 als Zwangsinnungen ermöglicht wurden. Die besondere Verbindung des Handwerks im katholischen Rottweil zum kirchlichen Brauchtum brachte um 1880 zusätzlich die Neugründung der Zünfte als losen Gemeinschaften zu dessen Pflege.

Die Zunft der Bäcker

Gemeinsam mit den Müllern ihrer bildeten die Rottweiler Bäcker eine jener Zünfte ihrer Stadt, welche in die Zeit König Rudolfs von Habsburg zurückreichen dürften. Schon damals gab es mit großer Wahrscheinlichkeit die Brotlaube am Rottweiler Straßenkreuz, wo die Bäcker der Reichsstadt ihre Backwaren verkauft haben. Urkundlich erwähnt wird der Bäcker Berthold Vogt schon 1336 als erster seines Handwerks in Rottweil.

Der „brotbeken zunfft" blieb in der Folge eine der zahlenmäßig größten Zünfte von Rottweil. Bei Fehde und Krieg bildeten ihre Angehörigen nach der Rottweiler Not- und Feldordnung von etwa 1442 eine eigene Abteilung im Rottweiler Aufgebot. Schon aus dieser frühen Zeit enthält das Rottweiler Stadtrecht zahlreiche Bestimmungen zur Ausübung des Bäckerhandwerks. Nicht geduldet hat der Rottweiler Rat, daß die Bäcker der Stadt 1650 eine neue Ordnung ohne seine Mitwirkung erlassen wollten. Andererseits übernahm das vorderösterreichische Spaichingen 1715 die Ordnung der Rottweiler Bäcker.

Rottweiler Backwaren hatten einen guten Namen. Brot aus Rottweil sei vor dem 30jährigen Krieg „weit berühmbt" gewesen, heißt es einmal. Auch verschiedene Sorten von Rottweiler Wecken und „Butterbretzen" aus der Reichsstadt waren bekannt. Aus naheliegenden Gründen gab es enge Verbindungen von den Bäckern zu den Rottweiler Bierbrauern.

Ihr Zunftlokal verlegten die Bäcker 1539 in den „Mohren" am heutigen Friedrichsplatz, wo es bis zum Ende der Reichsstadtzeit blieb. Die Brotlaube wurde im Sommer 1785 innerhalb weniger Tage abgebrochen, nachdem die Bäcker sie schon seit 1752 nicht mehr beschicken wollten. Seit diesem Zeitpunkt zogen es die Rottweiler Bäcker vor, in ihren Läden zu verkaufen.

Mit dem Übergang an Württemberg im Jahre 1802 organisierten sich die Rottweiler Bäcker neu und lösten die jahrhundertealte Verbindung zu den Müllern. 1862 brachte auch das Ende der Bäckerzunft, die danach im kirchlichen Bereich als Vereinigung zur Brauchtumspflege bis heute fortlebte. Im Jahre 1874 sind in Rottweil noch 24 Bäckermeister nachzuweisen, nachdem es 1757 sogar 38 gewesen waren. 1910 bei der Gründung der Rottweiler Bäckerinnung waren es 23 Betriebe.

Foto: Stadtarchiv Rottweil
Zunftzeichen der Rottweiler Bäcker von 1874

Oben:
Die Fahnenblätter der Rottweiler Bäckerzunft mit dem Bäcker-Wappen bzw. St. Nikolaus als Zunftpatron

Links:
Die Fahnen-Abordnung der Rottweiler Bäckerzunft an Fronleichnam 2002

Rechts:
Zunftlaterne der Rottweiler Bäcker

Die Zunft der Friseure

Die Rottweiler Friseure gehen berufsgeschichtlich auf die Bader und Scherer der spätmittelalterlichen Reichsstadt zurück. Sie waren anfangs und jedenfalls schon vor 1316 in der jüngsten der ursprünglich elf Rottweiler Zünfte organisiert, der „Nuwen" Zunft. Bei der Reorganisation des Rottweiler Zunftwesens zu Beginn des 16. Jahrhunderts wurde diese Zunft aufgelöst. Danach gehörten die Bader und Scherer ab 1504 zur Krämerzunft und bildeten bis zum Ende der Reichsstadtzeit eine ihrer stärksten Handwerksgruppen.

Die Beteiligung an der Rottweiler „Nuwen Zunft" liegt vor der reichsrechtlichen Ehrlicherklärung der Bader und Scherer. Die beiden Berufsgruppen hatten sich in Rottweil nachweislich aber auch schon vor 1403 zu einer Bruderschaft zusammengeschlossen, die in der Kapellenkirche einen Altar zu Ehren der heiligen Maria Magdalena unterhielt. Für diesen Altar, der bis etwa 1730 bestand, wurden zeitweilig eigene Kapläne angestellt.

Die späte Reichsstadtzeit brachte die Sonderentwicklung einzelner Berufsrichtungen innerhalb des alten Handwerks der Bader und Scherer. Dies gilt für die Kamm- und später die Perückenmacher. Die Chirurgen organisierten sich mit Genehmigung des Rottweiler Rates 1708 zu einer selbstständigen Handwerkslade und führten seit 1713 ein eigenes Siegel. Während die Bader, die einmal in Rottweil fünf Badstuben betrieben, an Bedeutung verloren, entwickelten sich gleichzeitig die Scherer zu Babierern, deren Artikel 1745 erlassen und 1785 vom Rat überarbeitet und bestätigt wurden. Für diese Zeit ist nicht bekannt, in welchem Rottweiler Wirtshaus die Barbiere ihre Handwerkslade aufbewahrten, dafür aber, daß sie an Festtagen einen besonderen „Barbierer-Tanz" getanzt haben.

1757 wurden in Rottweil acht Barbiere und ein Bader registriert, 1874 werden nur fünf Barbiere und zusätzlich ein Gehilfe erwähnt. Die Berufsbezeichnung Friseur hatte sich nach der Einführung der Gewerbefreiheit in Württemberg von 1862 zu diesem Zeitpunkt in Rottweil noch nicht durchgesetzt. Mit ihr organisierte sich die Berufsgruppe als Zunft zur Wahrung ihres traditionellen kirchlichen Brauchtums in Heilig Kreuz um 1880.

Foto: Stadtarchiv Rottweil
Siegel der Rottweiler Barbiere und Wundärzte von 1713

Oben:
Die Fahnenblätter der Rottweiler Friseurzunft mit den Zunftpatronen St. Elisabeth und St. Patricius sowie Handwerkswappen

Links:
Die Fahnen-Abordnung der Rottweiler Friseurzunft an Fronleichnam 2002

Rechts:
Zunftlaterne der Rottweiler Friseure

Die Zunft der Krämer und Glaser

Unter dem 3. Februar 1378 wird die Rottweiler Krämerzunft als erste Zunft der Reichsstadt Rottweil namentlich erwähnt. Dies geschah im Rahmen eines wegweisenden Dokuments zur Verfassung der Reichsstadt, das die Krämerzunft für die anderen Rottweiler Zünfte verwahren sollte. Zu diesem Zeitpunkt gab es die Zunft vermutlich fast schon drei Generationen. Möglicherweise war die Rottweiler Kaufmannschaft aber bereits noch früher organisiert, als auf der Mittelstadt zu Ehren ihres Patrons St. Nikolaus ein kirchliches Heiligtum geweiht wurde, in dessen Umkreis Rottweils frühe Kaufleute gesiedelt haben könnten.

Die Krämerzunft entwickelte sich in der Folgezeit zur größten Rottweiler „Sammelzunft", in welcher neben den Kaufleuten die unterschiedlichsten Handwerke vertreten waren. Nur für kurze Zeit wurde sie 1503 aufgehoben, aber bald wieder eingerichtet. In der späten Reichsstadtzeit zählten zu ihr auch die Wundärzte und Bader, die Kamm- und Perückenmacher, die Buchbinder und Buchdrucker, die Säckler, Drechsler, Gürtler und Glaser sowie zeitweilig die Maler und Bildhauer. Die Krämerzunft hatte bei ihrer Größe natürlich ein eigenes Zunfthaus am Friedrichsplatz etwa in Höhe des heutigen Gebäudes Nr. 14. Die hochbarocken Prozessionslaternen der Zunft zählen zu den schönsten in Rottweil.

Die Rottweiler Glaser hatten sich als Handwerk auf Initiative des wichtigen Glasmalers Sebastian Spiler erneut um 1600 unter Straßburger Einfluß organisiert und sich mit den Malern zusammengetan, nachdem für sie bereits 1584 eine Handwerksordnung belegt ist. In der Rottweiler Steuerrolle von 1757 erscheinen sie mit sechs Meistern. So überrascht es nicht, wenn sie bis 1770 endgültig als eigenständiges Handwerk anerkannt wurden.

Nach dem Übergang Rottweils an Württemberg bestanden die Gruppierungen der Krämer und Glaser als eigene Zünfte weiter, vermutlich bis zur Einführung der Gewerbefreiheit im Jahre 1862. Als sich um 1880 die Rottweiler Handwerker erneut in Zünften zur Pflege kirchlichen Brauchtums zusammentaten, bildeten die Krämer mit den Glasern die heute stärkste Rottweiler Zunft und ließen 1882 eine neue Fahne malen. In der Oberamtsbeschreibung von 1874 werden für Rottweil 36 Kaufleute, 36 Krämer und 8 Glaser aufgeführt, die selbstverständlich nicht alle katholisch waren.

Foto: Stadtarchiv Rottweil
Zunftzeichen der Krämer- und Glaserzunft Rottweil

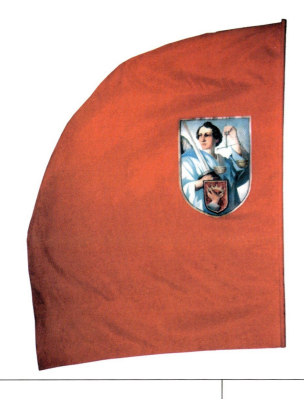

Oben:
Die Fahnenblätter der Rottweiler Krämer- und Glaserzunft mit dem Erzengel Michael und der Muttergottes

Links:
Die Fahnen-Abordnung der Rottweiler Krämer- und Glaserzunft an Fronleichnam 2002

Rechts:
Zunftlaterne der Rottweiler Krämer und Glaser

Die Zunft der Küfer

Rottweils Küfer treten als selbstständig organisierte Handwerkergruppe erst im 16. Jahrhundert vergleichsweise spät in Erscheinung. 1580 werden sie erstmals im Ratsprotokoll der Reichsstadt genannt. Einer weiteren Erwähnung von 1596 zufolge müssen die Rottweiler Küfer schon vor 1580 eine eigene Handwerksordnung besessen haben.

Um diese Zeit war ihnen beim Jahrmarkt in Rottweil auch bereits neben den Schuhmachern ein eigener Standplatz zugewiesen. Innerhalb der Rottweiler Zünfte waren die Küfer wie die Siebmacher und die Wannenmacher der Gerberzunft zugeordnet. Zu Beginn des 18. Jahrhunderts hatten die Rottweiler Küfer ihr Lokal im Bierwirtshaus von Adam Mathauer, der späteren „Alten Post" in der Flöttlinstor Straße.

Immer wieder hatten die Rottweiler Küfer über die Konkurrenz von nicht zugelassenen Handwerkern auf den Dörfern der Reichsstadt zu klagen. Andererseits wurde aus ihren Reihen gewöhnlich der „Weinbailer" bestimmt, der in den Rottweiler Wirtshäusern den Wein zu prüfen und seine Versteuerung zu überwachen hatte.

Zahlenmäßig waren die Küfer zunächst ein eher kleineres Rottweiler Handwerk. Das mag damit zusammenhängen, daß der Weinbau in Rottweil bis zu seiner Aufgabe eine bescheidene Rolle spielte und nach dem 30jährigen Krieg die Rottweiler Bierbrauer ein eigenes Handwerk ins Leben gerufen haben. In der Steuerrolle der Reichsstadt Rottweil von 1757 werden dann aber doch sieben Küfer erwähnt. Eine bekannte Rottweiler Küfer – Familie waren in der späten Reichsstadtzeit die Spindler.

Nach dem Übergang Rottweils im Jahre 1802 an Württemberg wurden die Rottweiler Küfer in die Zunftorganisation des Königreiches eingegliedert, die in der Regel auf den Oberämtern aufbaute. 1874 wurden in Rottweil immerhin 13 Küfermeister und vier Gehilfen gezählt. Mit der Einführung der Gewerbefreiheit im Jahre 1862 endete für diese Handwerker die Zeit der Organisation in einer Zunft, die für deren Mitglieder noch einen Jahrtag nach Heilig Kreuz gestiftet haben. Ihre Zunft lebte fort als Gemeinschaft zur Pflege des religiösen Brauchtums, erfreulicherweise bis heute.

Foto: Stadtarchiv Rottweil
Zunftzeichen der Rottweiler Küfer

Oben:
Die Fahnenblätter der Rottweiler Küferzunft mit dem Zunftpatronen St. Urban bzw. dem Küferwappen

Links:
Die Fahnen-Abordnung der Rottweiler Küferzunft an Fronleichnam 2002

Rechts:
Zunftlaterne der Rottweiler Küfer

Die Zunft der Maler

Die Rottweiler Maler gehörten im Spätmittalter zur Krämerzunft der Reichsstadt. So tritt der bekannte Maler Conrad Weiss 1520 beim Verkauf eines Grundstücks als einer der drei Lichtpfleger der Krämerzunft in Erscheinung.

Als eigenständiges Handwerk organisiert waren die Rottweiler Maler schon 1579. Gemeinsam mit den Glasern erscheinen sie im Jahre 1593, in welchem der Rottweiler Rat die Handwerksordnung der beiden Berufe ratifiziert hat. 1770 trennten sich die Maler nach Meinungsverschiedenheiten von den Glasern, worauf die Bildhauer an ihrer Stelle im Namen des Handwerks in Erscheinung treten. 1785 wurde die Handwerksordnung der Rottweiler Maler und Bildhauer vom Magistrat der Reichsstadt überprüft und gebilligt.

Die Maler hatten ihre Handwerksstube im Wirtshaus „zum Hecht" in der Hochbrücktorstraße. Dort befanden sich auch ihre Handwerkslade und ihr Zunftzeichen. In die Heilig Kreuz-Kirche hatten die Maler einen gemeinschaftlichen Jahrtag für die Verstorbenen aus ihrem Handwerk gestiftet.

Die Rottweiler Steuerrolle von 1757 nennt fünf Maler. Zum Malerhandwerk zählten so geachtete Künstler wie Christoph Kraft, Johann Georg Glükher, Johann Achert, Adam Bertsche und Alexander Dorfer. 1801 war das Handwerk allerdings auf einen einzigen Maler zusammengeschrumpft, der sich wieder den Glasern anschließen wollte.

Nachdem Rottweil württembergisch geworden war, bildeten die Maler im räumlichen Rahmen des Oberamts Rottweil eine neue Zunft, bis 1862 die Gewerbefreiheit ausgerufen wurde. Wie andere Rottweiler Handwerke nahmen auch die Maler die Zunfttradition der Reichsstadt wieder auf. Sie bildeten eine entsprechende Vereinigung zur Pflege kirchlichen Brauchtums und hielten an dieser Tradition bis heute fest. In der Rottweiler Oberamtsbeschreibung von 1875 werden drei Rottweiler Zimmermaler mit drei Gehilfen aufgeführt. 1913 stifteten die Rottweiler Maler das Kirchenfenster mit ihrem Patron, dem Evangelistem Lukas, in der Nepomukskapelle im heutigen Rottweiler Münster.

Foto: Stadtarchiv Rottweil
Das Zunftfenster der Rottweiler Maler von 1913 im Heilig Kreuz-Münster

Oben:
Die Fahnenblätter der Rottweiler Malerzunft mit dem Malerwappen bzw. St. Lukas als Zunftpatronen

Links:
Die Fahnen-Abordnung der Rottweiler Malerzunft an Fronleichnam 2002

Rechts:
Zunftlaterne der Rottweiler Maler

Die Zunft der Maurer, Steinmetze und Stukkateure

Im spätmittelalterlichen Rottweil gab es trotz seiner im Vergleich beachtlichen Bautätigkeit keine Bauleutezunft wie in manchen anderen größeren Städten Oberdeutschlands. Die Rottweiler Maurer wurden „gespielt", und damit den verschiedenen Zünften der Stadt zugelost. Die Steinmetze standen dagegen etwa am Kapellenturm ursprünglich in der Organisation ihrer Hütte und zogen vielfach nach Erledigung ihres Auftrages nach auswärts weiter.

Geändert hat sich dies anscheinend erst in der späteren Reichsstadtzeit. Im Jahr 1602 ist im Ratsprotokoll die Rede vom ehrbaren Handwerk der „Steinmetzen unnd Maurer". Schon für 1674 läßt sich nachweisen, daß die Ordnung des Rottweiler Maurerhandwerks überarbeitet wurde. 1718 wollte das reichsstädtische Maurerhandwerk die Prüfungsordnung für seine Meister neu gestaltet haben. Bezeichnet wird es dabei als Handwerk der „Maurer und Steinhauer". Ihrem Handwerk zuzurechnen sind auf Grund der Rottweiler Steuerrolle von 1757 immerhin elf Rottweiler Maurer. Noch 1793 bemühten sich auch die Rottweiler Pflästerer um den Anschluß an das Maurer-Handwerk in ihrer Stadt. Schon zu Beginn des 17. Jahrhunderts war das Handwerk auch enger mit den Zimmerleuten verbunden.

Seit dem Übergang Rottweils an Württemberg im Jahre 1802 dürfte das Handwerk der Maurer und Steinhauer im Sinne der württembergischen Zunftorganisation auf das gesamte Oberamt Rottweil ausgeweitet worden sein, bis 1862 die Gewerbefreiheit verkündet wurde. Spätestens seit dieser Zeit mag es ausdrücklich auch die Stukkateure einbezogen haben, zumal die Arbeit mit Stuckmörtel schon im spätmittelalterlichen Rottweil eine besondere Rolle spielte. In der zweiten Hälfte des 19. Jahrhunderts haben sich die Rottweiler Angehörigen des Handwerks als Zunft zur Pflege des kirchlichen Brauchtums neu formiert. 1874 sind für Rottweil elf Maurer mit 28 Gehilfen belegt sowie neun Gipsermeister mit vier Gehilfen.

Foto: Stadtarchiv Rottweil
Zunftzeichen der Rottweiler Maurer, Steinmetze und Stukkateure

Oben:
Die Fahnenblätter der Rottweiler Maurer-, Steinmetze- und Gipserzunft mit dem Erzengel St. Michael bzw. dem Zunftwappen

Links:
Die Fahnen-Abordnung der Rottweiler Maurer-, Steinmetzen- und Gipserzunft an Fronleichnam 2002

Rechts:
Zunftlaterne der Rottweiler Maurer, Steinmetze und Gipser

Die Zunft der Metzger

Bis in die Zeiten König Rudolfs von Habsburg im späten 13. Jahrhundert reicht die Geschichte der Rottweiler Metzgerzunft zurück. Schon damals dürfte es ihre Metzig mit den Fleischbänken gegeben haben, die urkundlich 1345 in der Unteren Hauptstraße greifbar wird und wohl im ersten Obergeschoß die älteste Zunftstube der Rottweiler Metzger aufwies. In den folgenden Jahrhunderten erwiesen sich die Metzger aus der Reichsstadt Rottweil als erfolgreiche Vieh- und Schafhändler, die nachweislich bereits im 16. Jahrhundert weit in die Welt hinaus gekommen sind. Im Gegensatz zu den meisten Rottweiler Zünften gehörten zur Metzgerzunft nur Metzger sowie zugeloste „Gespielte".

Das Fachwerkgebäude der Rottweiler Metzig wurde bekanntlich 1789 abgebrochen und zunächst am Metzgerbuckel im Lorenz-Ort ersetzt, bis der Nachfolgebau 1833 verkauft wurde und es 1888 zur Errichtung des Schlachthauses am Nägelinsgraben kam, wo im zugehörigen Gasthaus auch die Zunftkleinodien der Metzgerzunft bis fast in die Gegenwart aufbewahrt blieben. Erhalten haben sich zwei sehr schöne Zunfttruhen der Metzger von 1729 und 1762 sowie ihr Zunftsiegel von 1706.

Die Metzgerzunft erlebte in Rottweil eine glanzvolle Geschichte. 1615 wurden 81 Männer aus dieser Zunft gemustert. 1757 umfaßte sie 35 Angehörige. Schon 1441 unterhielt die Gemeinschaft in der Heilig Kreuz-Kirche ein eigenes Metzgerzunft-Licht. 1529 entschieden sich ihre Mitglieder dafür, katholisch zu bleiben. Nach dem Standbrand von 1696 erhielten die Metzger eine eigene Kirchenbank mit ihrem Zunftwappen in Heilig Kreuz. 1796 mußten sie ihr Zunftsilber zur Verfügung stellen, als ihrer Heimatstadt Plünderung und Brandschatzung durch französische Truppen drohten.

Nach dem Übergang Rottweils an Württemberg im Jahre 1802 führte der Weg der Rottweiler Metzger zunächst in die württembergische Zunftorganisation, welche die Meister aus dem ganzen Rottweiler Oberamt gleichberechtigt einschloß. Nach der Einführung der Gewerbefreiheit von 1862 folgte die Zwangsinnung und andererseits die Gestaltung der Rottweiler Zunft als Gemeinschaft zur Pflege kirchlichen Handwerkerbrauchtums.

Foto: Bodo Schnekenburger
Siegel der Rottweiler Metzger

Oben:
Die Fahnenblätter der Rottweiler Metzgerzunft mit der Gottesmutter und St. Lukas als Zunftpatron

Links:
Die Fahnen-Abordnung der Rottweiler Metzgerzunft an Fronleichnam 2002

Rechts:
Zunftlaterne der Rottweiler Metzger

Die Zunft der Müller und Fuhrleute

Die Zunft der Rottweiler Müller und Fuhrleute ist während den letzten Jahren im Rahmen der Bemühungen entstanden, das religiöse Brauchtum der Rottweiler Zünfte zu beleben und weiterzuführen. Dabei wurde einerseits an die große Tradition der Rottweiler Müller angeknüpft, die in Gemeinsamkeit mit den Rottweiler Bäckern ihre Zunft bis in die Zeit König Rudolfs von Habsburg zurückführen können. Andererseits dürfen die Rottweiler Fuhrleute zwar gleichfalls auf eine lange Vergangenheit zurückblicken, auch wenn sie im reichsstädtischen Rottweil weder als Zunft, noch als Handwerk organisiert gewesen sind.

Im Mittelalter werden Mühlen bei Rottweil schon für 1158 erwähnt. Später wies die Stadt eine außergewöhnlich stattliche Zahl von großen Mühlen auf, von den Altstädter Mühlen bis zur Pulvermühle immerhin zehn. Hier wurde nicht nur Mehl gemahlen, sondern auch Holz gesägt und die unterschiedlichsten Waren hergestellt, zu deren Fertigung Wasserkraft eingesetzt werden konnte, bis hin zum Pulver. Schon 1411 erließ Rottweils Rat eine Ordnung für die Müller. Als letzte von den Rottweiler Mühlen wurde 1957 die Kochlinsmühle in der Au stillgelegt.

Mit den Bäckern hatten die Müller ihr Zunftlokal anfangs oberhalb der Brotlaube und später ab 1539 im „Mohren" am heutigen Friedrichsplatz. Die enge Verbindung der Rottweiler Müller mit den Bäckern scheint mit dem Übergang Rottweils an Württemberg gelöst worden zu sein. Allerdings hob die württembergische Verwaltung die Zünfte der Müller schon 1828 auf. Die Jahreszahl 1845 auf der Müllerzunftfahne zeigt demnach, daß die Pflege des kirchlichen Brauchtums den Angehörigen der aufgehobenen Zunft schon vor Einführung der Gewerbefreiheit ein Anliegen war.

Rottweiler Fuhrleute und „Karrer" werden häufig bereits im Spätmittelalter genannt. Die Beförderung von Waren und nicht zuletzt Weintransporte waren eine ihrer Aufgaben. In der Rottweiler Steuerrolle von 1757 werden immerhin acht Vertreter ihrer Berufsgruppe genannt. Die Fuhrleute wurden zu Reichsstadtzeiten unter die Rottweiler Zünfte gespielt und demnach den anderen Zünften zugelost. Mit der Einführung der Gewerbefreiheit im Jahre 1862 ergab sich die Frage nach der Organisationsform dieser Berufsgruppe von selbst, von der 1874 die beachtliche Zahl von 30 „Landfuhrleuten" genannt wird.

Oben:
Die Fahnenblätter der Rottweiler Müller- und Fuhrleutezunft mit den Zunftpatronen
St. Leonhard und
St. Catharina

Links:
Die Fahnen-Abordnung der Rottweiler Müller- und Fuhrleutezunft an Fronleichnam 2002

Rechts:
Zunftlaterne der Rottweiler Müller und Fuhrleute

Die Zunft der Ofensetzer, Kaminfeger und Plattenleger

Die Zunft der Rottweiler Ofensetzer, Kaminfeger und Plattenleger geht in ihrer heutigen Zusammensetzung erst auf das Jahr 1962 zurück. Die Einführung der württembergischen Zunftordnung nach 1802 und bis zur Verkündung der Gewerbefreiheit im Jahre 1862 mag die drei inzwischen vereinten Handwerke zunächst im Rahmen des Oberamts Rottweil zur Organisationsform eigenständiger Zünfte gebracht haben, mit den Hafnern oder Ofensetzern als stärkster Gruppe und einer eigenen, noch erhaltenen grünen Fahne. Die Fahnenspitze der heutigen Zunftfahne der Ofensetzer, Kaminfeger und Plattenleger trägt die Jahreszahl 1802. Vermutlich berücksichtigt die heutige Zunft demnach drei Handwerke, die sich im Sinn der Entwicklung nach 1880 zur Pflege kirchlichen Rottweiler Handwerksbrauchtums entschlossen haben.

Unter ihnen gehen die Ofensetzer auf die Tradition der Rottweiler Hafner zurück, die einstens der Schneiderzunft der Reichsstadt angeschlossen gewesen sind, und sogar für das römische Rottweil sind zwei Töpfer namentlich bekannt. Schon 1377 erscheint dann in den Urkunden Werner der Hafner von Winzeln als Rottweiler Bürger. 1584 werden sechs Rottweiler Hafner, 1626 sogar neun genannt.

Das Kaminfegerhandwerk kam auf, als man seit dem 16. Jahrhundert in den Rottweiler Häusern geschlossene Kamine setzte, die auch fachmännisch zu unterhalten waren, eine Aufgabe, welche vielfach von aus Italien stammenden Neubürgern übernommen wurde. Vom Hafnerhandwerk und den Zieglern, die im spätmittelalterlichen Rottweil zeitweilig drei Ziegelhütten betrieben, kann in Rottweil das Handwerk der Plattenleger hergeleitet werden.

In der Rottweiler Steuerrolle von 1757 ist nur ein Kaminfeger aufgeführt, andererseits aber sieben Hafner. Für 1874 nennt die Rottweiler Oberamtsbeschreibung vom folgenden Jahr zwei Kaminfeger und erneut sieben Hafner.

Oben:
Die Fahnenblätter der Zunft der Ofensetzer, Kaminfeger und Plattenleger mit St. Florian als Zunftpatron und dem Zunftwappen

Links:
Die Fahnen-Abordnung der Rottweiler Zunft der Ofensetzer, Kaminfeger und Plattenleger an Fronleichnam 2002

Rechts:
Zunftlaterne der Rottweiler Ofensetzer, Kaminfeger und Plattenleger

Die Zunft der Sattler und Tapezierer

Die Rottweiler Sattler bildeten gemeinsam mit der größeren Gruppe der Schuhmacher der Reichsstadt die Schuhmacherzunft, eine der elf ältesten Rottweiler Zünfte, die im letzten Viertel des 13. Jahrhunderts entstand. Als eigenständiges Handwerk erhielten Rottweils Sattler 1545 eine Handwerksordnung, die eine dreijährige Lehrzeit voraussetzt und Handelsbeziehungen nach Nürnberg erwähnt. Allerdings ist schon für 1544 eine vom Rat der Stadt geschlichtete Auseinandersetzung zwischen Rottweils Sattlern und den Schlossern belegt. Dem Ratsprotokoll zufolge werden Rottweils Sattler 1606 auch im Zusammenhang mit Spannungen zwischen ihnen und den Gerbern der Stadt erwähnt. Die beiden Zunftlaternen der Sattler tragen auf dem Wappenschild des Handwerks die Jahreszahl 1694.

In der Steuerrolle der Reichsstadt Rottweil für 1757 sind elf Sattler verzeichnet. Um diese Zeit mag das Berufsbild des Tapezierers das Tätigkeitsprofil der im Sattlerhandwerk vereinigten Handwerker ergänzt haben. Im Jahre 1785 wurde auch die Handwerksordnung der Rottweiler Sattler erneuert und danach vom Magistrat der Reichsstadt genehmigt. Auch die Handschuhmacher, die ein eigenes Handwerkszeichen besaßen, gehörten anscheinend einst zeitweilig zum Sattlerhandwerk.

Nach dem Übergang der Reichsstadt Rottweil an Württemberg im Jahre 1802 wurden die Rottweiler Sattler gemeinsam mit ihren Berufskollegen im Oberamt Rottweil als Zunft organisiert und erlebten so das Jahr 1862 mit der Verkündigung der Gewerbefreiheit. Zunftlokal der Sattler war damals anscheinend der „Mohren", 1857 entstand eine neue Zunftfahne.

Um 1880 organisierten sich die Rottweiler Sattler und Tapezierer als Zunft zur Pflege kirchlichen Handwerkerbrauchtums. Bis in die Gegenwart wurde diese Tradition gepflegt. Die Zahl der Rottweiler Sattler belief sich 1874 auf immerhin acht mit sieben Gehilfen.

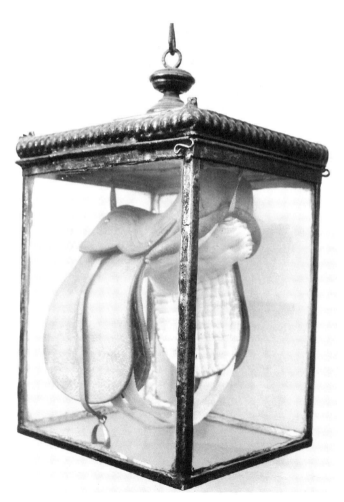

Foto: Stadtarchiv Rottweil
Zunftzeichen der Rottweiler Sattler

Oben:
Die Fahnenblätter der Rottweiler Sattler- und Tapeziererzunft mit St. Georg und St. Gualfardus als Zunftpatronen

Links:
Die Fahnen-Abordnung der Rottweiler Sattler- und Tapeziererzunft an Fronleichnam 2002

Rechts:
Zunftlaterne der Rottweiler Sattler und Tapezierer

Die Zunft der Schmiede und Schlosser

Die Schmiedezunft war unter den klassischen elf und später neun Rottweiler Zünften wohl die bedeutsamste. Ihre Anfänge gehen demnach zurück bis ins 13. Jahrhundert. Die Schmiedezunft war eine Art Sammelzunft der meisten Handwerke, die sich mit der Verarbeitung von Metall beschäftigt haben und sich fortschreitend spezialisierten. Als erster namentlich erwähnter Rottweiler Schmied erscheint für 1350 Johann der Maier.

In Heilig Kreuz hatten die Rottweiler Schmiede einen eigenen, für 1410 belegeten Altar, welcher der heiligen Verena geweiht war. Mit diesem Altar war zeitweilig auch die Pfründe für einen Kaplan mit Hausbesitz am Schwarzen Tor verbunden. Besondere Verehrung genoß vor allem bei den Rottweiler Hufschmieden ferner der heilige Elogius. Die Schmiede hatten ihr Zunfthaus auf der Nordseite der Oberen Hauptstraße.

Besondere Bedeutung unter den Rottweiler Schmieden hatten die Sichelschmiede, die regelmäßig die Messe in Zurzach besuchten und dort beachtliche Mengen ihrer Sicheln verkauften, sowie die Sensen- und die Messerschmiede. Schon bald kamen dazu die Zinngießer, Nagelschmiede und die Uhrmacher, um nur die wichtigsten zu nennen. Eng mit den Uhrmachern verbunden waren die Schlosser, für welche schon 1468 eine erste und 1566 erneut eine eigene Ordnung erlassen wurde. Die Ordnungen der sonstigen „Teilhandwerke" der Schmiedezunft haben größtenteils Eingang ins Rottweiler Stadtrecht von 1546 gefunden.

Unter dem Dach der Schmiedzunft waren die in ihr vertretenen Handwerke eigenständig organisiert, soweit es die Zahl der jeweiligen Meister zuließ. Im Jahre 1757 wurden zur Steuer in Rottweil neben elf Schmieden beispielsweise vier Nagelschmiede und drei Messerschmiede sowie sechs Schlosser registriert.

Wie bei den anderen Rottweiler Zünften brachte das Ende der Reichsstadtzeit die Einbindung von Rottweils Schmieden und der mit ihnen „verwandten" Handwerke in die entsprechenden württembergischen Zunft-Organisationen. Dies endete mit der Einführung der Gewerbefreiheit im Jahre 1862. Erst danach fanden sich Schmiede und Schlosser in Rottweil in einer Zunft zusammen, welche kirchliches Brauchtum pflegen wollte. 1874 gab es in Rottweil zehn Schmiede und sechs Schlosser.

Foto: Stadtarchiv Rottweil
Zunftzeichen der Rottweiler Schmiede und Schlosser

Oben:
Die Fahnenblätter der Rottweiler Schmiede- und Schlosserzunft mit Handwerkswappen und St. Eligius als Zunftpatron

Links:
Die Fahnen-Abordnung der Rottweiler Schmiede- und Schlosserzunft an Fronleichnam 2002

Rechts:
Zunftlaterne der Rottweiler Schmiede und Schlosser

Die Zunft der Schneider

Die Rottweiler Schneiderzunft gehört zu den ursprünglichen Zünften der Reichsstadt, welche bis ins späte 13. Jahrhundert zurückgehen. Wenigstens in der späten Reichsstadtzeit zählten zu ihr auch die Tuchscherer, die Kürschner sowie die Schreiner. Namentlich erwähnt wird der Rottweiler Schneider Heinrich von Schörzingen bereits für 1329. Die Kürschnerlaube als zentrales Marktlokal wird unterhalb von Rottweils Straßenkreuz schon für 1344 genannt.

Die Zunftordnung der Schneider und Kürschner erfuhr wesentliche Ergänzungen in den Jahren 1478 und 1544. Sie legte beispielsweise fest, daß ein Meister nicht mehr als zwei „Knechte" haben sollte. Wohnte er auf dem Land, wo seit 1698 insgesamt 13 Schneider zugelassen waren, sollte er zunächst ganz allein arbeiten. 1723 ließ die „ehrsame Schneider- und Kürsner-Zunft" von Rottweil ihre Ordnung erneut aktualisieren.

Ihre Zunftherberge hatten die Rottweiler Schneider über Jahrhunderte im Wirtshaus zur Blume. Ein Schneider-zunft-Licht in Heilig Kreuz ist bereits im Rottweiler Steuerbuch von 1441 aufgeführt.

Gemustert wurden 1675 aus der Rottweiler Schneider-zunft, die auch schon in der Rottweiler Not- und Feldordnung von ca. 1442 berücksichtigt ist, 29 Männer. In der Rottweiler Steuerrolle von 1757 sind 15 Schneider aufgeführt, für 1874 in der Oberamtsbeschreibung und schon nach der Einführung der Gewerbefreiheit in Württemberg immerhin 33 Angehörige dieses Berufes.

Nach dem Übergang Rottweils an Württemberg wurde die alte Rottweiler Schneiderzunft aufgehoben und ihre Verbindung zu den Kürschnern gelöst. Die Nachfolgezunft schloß nun auch unbestritten Vertreter des Schneiderhandwerkes von außerhalb Rottweil aus dem Oberamt ein. Die Einführung der Gewerbefreiheit im Jahre 1862 setzte dem ein Ende.

Wie weitere Rottweiler Handwerkergruppen pflegen die Schneider ihr kirchliches Brauchtum gemeinschaftlich seit etwa 1880 als Zunft.

Foto: Stadtarchiv Rottweil
Zunftzeichen der Rottweiler Schneider von 1840

Oben:
Die Fahnenblätter der Rottweiler Schneiderzunft mit dem Zunftpatronen St. Homobonus und dem Stadtwappen

Links:
Die Fahnen-Abordnung der Rottweiler Schneiderzunft an Fronleichnam 2002

Rechts:
Zunftlaterne der Rottweiler Schneider

Die Zunft der Schreiner

Im reichsstädtischen Rottweil bildeten die Schreiner keine Zunft, sondern ein Handwerk. Von ihm ist im Erneuerten Recht der Stadt von 1546 noch nicht die Rede, dafür aber vielfach in den seit 1580 erhaltenen Ratsprotokollen der Reichsstadt. Es kann demnach angenommen werden, daß das Schreinerhandwerk vor 1580, aber nach 1546 als besondere Gruppierung anerkannt wurde. Merkwürdigerweise wurde es „politisch" dabei der Schneiderzunft zugeordnet. Eine eigene Schreiner- Ordnung wurde vom Rottweiler Rat 1596 anerkannt. 1759 erhielten die Rottweiler Schreiner ein neues Artikel-Büchlein.

Aus dem späteren 17. Jahrhundert ist bekannt, daß auch die Bildschnitzer und Orgelmacher in Rottweil den Schreinern zugeordnet waren. Zu den Prüfungsanforderungen für einen Rottweiler Schreinermeister gehörte um die gleiche Zeit, daß er ein Brettspiel, einen Trog und einen Kleiderkasten machen konnte. Später wurde die berufliche Abgrenzung gegenüber den Holzbildhauern, aber auch zu den Zimmerleuten hin schwierig.

Im Jahre 1703 gab es vier Schreinermeister in Rottweil, bis 1757 stieg ihre Zahl auf sieben. Bei kirchlichen Aufträgen arbeiteten sie häufig mit Klosterschreinereien wie jener im Dominikanerkloster zusammen oder unter Anleitung von Zieratenschneidern wie Alexander Dorfer.

Auch die Rottweiler Schreiner wurden nach dem Anschluß Rottweils an Württemberg in die zunfthandwerkliche Ordnung des Königreiches eingeschlossen. Möglicherweise wurde die entsprechende Organisation aber bereits aufgelöst, bevor es 1862 zur Verkündung der Gewerbefreiheit kam. Danach bildeten die Rottweiler Schreiner zusammen mit den Meistern der Umgebung 1881 nach Ulmer Vorbild ihre Innung und zugleich die Rottweiler Schreinerzunft zur Pflege des katholischkirchlichen Brauchtums. Ihr frühere Zunftfahne trug aus diesem Grund die Jahreszahl „1881". Die „Alte Post" war seitdem über Jahrzehnte Zunftlokal der Rottweiler Schreiner, zu denen 1874 immerhin 15 Meister und 10 Gehilfen zählten.

Foto: Stadtarchiv Rottweil
Zunftzeichen der Rottweiler Schreiner

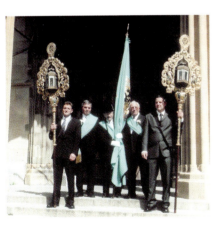

Oben:
Die Fahnenblätter der Rottweiler Schreinerzunft mit dem Stadtwappen bzw. der Heiligen Familie

Links:
Die Fahnen-Abordnung der Rottweiler Schreinerzunft an Fronleichnam 2002

Rechts:
Zunftlaterne der Rottweiler Schreiner

Die Zunft der Schuhmacher

1297 wird Wölfeli der Schuhmacher als erster Rottweiler Handwerker überhaupt in einer Urkunde namentlich erwähnt. Seine Zunft gehörte für die ganze Reichsstadtzeit zur Reihe der klassischen Rottweiler Zünfte und wird beispielsweise in der Rottweiler Not- und Feldordnung von ca. 1442 erwähnt. Gebildet wurde sie gemeinschaftlich von Rottweils Schuhmachern und Sattlern. Ein Siegel ihrer Zunft ist für 1470 belegt.

Wenigstens im 18. Jahrhundert hatte die Schuhmacherzunft ihre Zunftherberge im „Bären" in der Hochbrücktorstraße, bis sie 1838 in die „Alte Post" umzog. Dort wurde auch ein „Stiefel-Schild" aus Zinn aufbewahrt, vermutlich das Zunftzeichen der Schuhmacher, von denen sich auch eine prachtvolle barocke Zunftfahne aus dem Jahr 1767 erhalten hat. Sie wurde von den Zunftgenossen zweifellos am 25. Oktober, dem Tag des heiligen Crispin, dem Schutzheiligen der Schuhmacher, beim Kirchgang, aber auch sonst bei feierlichen Gelegenheiten mitgeführt. Jeweils im Zunftlokal, und damit zuletzt in der „Flasche", wurden auch drei Glasmalereien, zwei Ölgemälde mit den Zunftheiligen Crispin und Crispinian und eine Zunfttafel aufbewahrt, deren Original später an das Württembergische Landesmuseum verkauft wurde.

Die Rottweiler Schuhmacher waren eine große Zunft, obwohl sie stets stärker unter der Konkurrenz aus Rottenburg, Ebingen, Balingen und Tuttlingen zu leiden hatten. Mit der Schuhmacherzunft wurden 1615 54 Männer gemustert. Sind in der Rottweiler Steuerrolle von 1757 noch 15 Schuhmacher und 11 Sattler nachgewiesen, so verzeichnet die Rottweiler Oberamtsbeschreibung für 1874 allein 33 Schuhmacher.

Nach dem Übergang Rottweils an Württemberg und bis zur Verkündung der Gewerbefreiheit im Jahre 1862 blieben die Rottweiler Schuhmacher integriert in die württembergische Ordnung der Zünfte, welche die Rottweiler Zunft nun nicht mehr auf Meister aus der Stadt beschränkte und auch zur Trennung vom Sattler-Handwerk führte. Seit dem letzten Viertel des 19. Jahrhunderts führten Rottweiler Schuhmacher ihre Zunft zur Pflege kirchlichen Brauchtums bis heute weiter.

Foto: Stadtarchiv Rottweil
Zunftzeichen der Rottweiler Schumacher

Oben:
Die Fahnenblätter der Rottweiler Schumacherzunft mit dem Zunftpatronen St. Crispin bzw. der Muttergottes mit dem Jesuskind

Links:
Die Fahnen-Abordnung der Rottweiler Schumacherzunft an Fronleichnam 2002

Rechts:
Zunftlaterne der Rottweiler Schumacher

Die Zunft der Zimmerleute

Zu Reichsstadtzeiten bildeten die Rottweiler Zimmerleute keine eigenständige Zunft, auch nicht gemeinsam mit den anderen Bauhandwerkern wie in vergleichbaren Städten. Dies ist erstaunlich, denn für die Baugeschichte von Rottweil hatte die Kunst seiner Zimmerleute stets größte Bedeutung. Auch wird ein einzelner Rottweiler Zimmermann bereits 1339 recht früh namentlich erwähnt.

Ein Grund dafür, daß Rottweils Zimmerleute als Gruppe erst spät organisiert in Erscheinung treten, mag darin liegen, daß sie ihren Beruf anfänglich teilweise weit über die Grenzen der Reichsstadt hinaus ausübten. Diesen Schluß erlauben ihre Erwähnung im Rottweiler Stadtrecht für 1369 sowie das Auftauchen des Rottweiler Zimmermanns Hans Hetzel als verantwortlichem Meister beim Bau des Rathauses von Bern (1406). Allerdings erhielten die Rottweiler Zimmerleute dann 1481 als eigenständiges Handwerk einen besonderen „Artikel-brief".

Der Artikelbrief der Zimmerleute der Reichsstadt Rottweil von 1481 wurde in der Folgezeit in Einzelbestimmungen ergänzt. 1597 wurde das Dokument beispielsweise erweitert durch Festlegungen zur Ausbildung des Handwerkernachwuchses und 1601 durch das Verbot, auf Kirchhöfen zu zimmern.

1674 erhielten die Zimmerleute eine neue Handwerksordnung. Sie war 1701 durch Bestimmungen zu erweitern, in welchen ihrer Dörfer die Reichsstadt Rottweil künftig Zimmerleute zulassen wollte. Das Leistungsvermögen der Rottweiler Zimmerleute wurde um diese Zeit augenfällig, als sie in „Rekordzeit" nach dem Stadtbrand vom Sommer 1696 die Dachstuhl von Heilig Kreuz neu errichteten. Beeindruckend ebenso, wie ihr Meister Alois Herrmann 1797 das Kaufhaus am Friedrichsplatz und 1804 die bis heute erhaltene Schindelbrücke in der Au plante und baute.

In der Rottweiler Steuerrolle von 1757 sind acht Zimmerleute verzeichnet. Für 1874 sind wiederum acht Zimmermeister belegt sowie zwölf Gehilfen. Inzwischen war Rottweil 1802 zu Württemberg gekommen und das Zimmerhandwerk der früheren Reichsstadt in die Zunftorganisation des Königreiches integriert worden. Als 1862 die Gewerbefreiheit eingeführt wurde, hatte die Rottweiler Zimmerleutezunft bereits begonnen, ihren gemeinschaftlichen Besitz zu veräußern. Sie lebte als Gemeinschaft zur Pflege kirchlichen Brauchtums bis heute weiter.

Foto: Bodo Schnekenburger
Zunftzeichen der Rottweiler Zimmerleute von 1843

Oben:
Die Fahnenblätter der Zunft der Rottweiler Zimmerleute mit St. Josef und der Gottesmutter sowie dem Handwerkszeichen

Links:
Die Fahnen-Abordnung der Zunft der Rottweiler Zimmerleute an Fronleichnam 2002

Rechts:
Zunftlaterne der Rottweiler Zimmerleute

Die Zunft der Gerber

Die Rottweiler Gerber zählten zu den ursprünglichen elf Rottweiler Zünften. Schon 1362 wird ein einzelner Rottweiler Gerber namens Aberli erwähnt. Das „gärwer liecht" in Heilig Kreuz wurde bereits nach dem Rottweiler Steuerbuch von 1441 besteuert. Selbstverständlich werden die Gerber auch in der auf 1442 datierten Rottweiler Not- und Feldordnung erwähnt. Nach der Rottweiler Musterungsliste von 1675 gehörte die Gerberzunft mit nur 25 Gemusterten zu den Kleineren unter den Zünften der Reichsstadt.

Vergleichsweise früh teilten sich Rottweils Gerber innerhalb ihrer Zunft in die Handwerke der Rotgerber und der Weißgerber. In der Rottweiler Steuerrolle von 1757 sind neun Rot- und vier Weißgerber aufgeführt. Zur Gerberzunft zählten in der späten Reichsstadtzeit zeitweilig aber auch Färber, die Küfer und die Ziegler, Sieb- und Wannenmacher. Dazu kamen wie bei anderen Zünften Gespielte, beispielsweise Bauschreiber oder Wirte. 1796 ließ die Zunft offenbar ein neues Zunftzeichen und eine neue Zunftfahne herstellen.

Über eine Zunftherberge der Rottweiler Gerber hat sich anscheinend nichts überliefert. Zuletzt wurde der „Mohren" auch Zunftlokal von Rottweils Gerbern. Gemeinschaftlicher Besitz ihrer Zunft war schon 1430 eine „Bleymuelin underm Hellenstein", später eine Lohmühle in der Rottweiler Au bei der Bruderschaftsmühle, die 1865 privatisiert wurde. Wirtschaftlich hatten es Rottweils Gerber nicht leicht, denn der Druck der Konkurrenz war eigentlich ständig vor allem aus Balingen, Reutlingen und Rottenburg, aber auch aus Wolfach oder Sulz recht stark. Selbst auf den Märkten daheim in Rottweil konnte man sich nur schwer behaupten.1875, also bereits nach Einführung der Gewerbefreiheit, gab es nur noch drei Gerbermeister mit drei Gehilfen in Rottweil.

Mit dem Rottweiler Prozessionswesen waren die Rotgerber eng verbunden, seit 1692 auf sie die Stiftung eines Traghimmels mit Laternen für Versehgänge übertragen wurde, welche auf Johann Georg Schiller von Wildenstein zurückging. Bis etwa 1930 wurde die Zunftfahne der Gerber an der Fronleichnamsprozession mitgeführt und gelangte danach ins Rottweiler Stadtmuseum, als das traditionsreiche Handwerk erloschen war. Unter den heute noch lebendigen Rottweiler Zünften sind die Gerber nicht mehr vertreten.

Foto: Stadtarchiv Rottweil
Zunftzeichen der Rottweiler Gerberzunft im Stadtmuseum Rottweil
Blechschneide-Arbeit von 1796 (?).

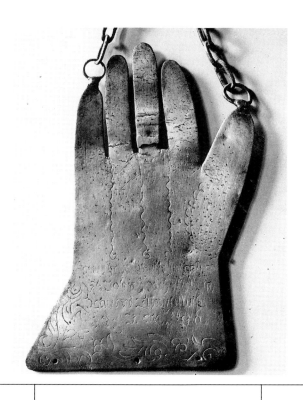

Oben:
Zeichen des Seckler- und Handschuhmacher-Handwerks
Original von 1780
früher im Stadtmuseum Rottweil
Foto: Wilfried A. Wurst

Links:
Herbergsschild der Rottweiler Weißgerber von etwa 1800
Stadtmuseum Rottweil
Foto: Stadtarchiv Rottweil

Rechts:
Zunftlaterne der Rottweiler Gerberzunft (um 1800)
Stadtmuseum Rottweil
Foto: Stadtarchiv Rottweil

Die Zunft der Weber

Auch die Zunft der Rottweiler Weber gehört zu den elf Zünften der Reichsstadt, die bis ins 13. Jahrhundert zurückreichen dürften. Als einzelner Rottweiler Weber wird Conrad Hering schon 1306 erwähnt. Die Zunft selbst erscheint mit ihrem auch schon 1411 genannten „sant Peters lieht" in Heilig Kreuz im Rottweiler Steuerbuch von 1441 und mit elf Mann ebenso in der wenig jüngeren Not- und Feldordnung der Stadt. Zumindest in der späteren Reichsstadtzeit gehörten zu ihr auch die Rottweiler Seiler, außerdem wie bei anderen Zünften „Gespielte". Ein eigenes Zunfthaus besaßen die Rottweiler Weber in der nördlichen Häuserzeile von Rottweils oberer Hauptstraße in der Nähe des Straßenkreuzes.

Seit dem Spätmittelalter hatte die Weberzunft aus naheliegenden Gründen immer wieder Auseinandersetzungen mit der Rottweiler Tucherzunft auszutragen. Vielfach wurden die Handwerksartikel der beiden „Schwesterzünfte" von der Rottweiler Obrigkeit wie schon 1408 gleichzeitig erlassen oder bestätigt. Speziell für die Leinenweber wurde 1535 eine Ordnung erlassen, 1558 für die Rottweiler Arras-Weber. Zu erwähnen ist besonders, dass innerhalb der Weberzunft auch Frauen „Lehrtöchter" ausgebildet haben.

Die Zunftfahne der Rottweiler Weberzunft aus dem Jahre 1780 blieb im Stadtmuseum Rottweil erhalten. Sie zeigt den hl. Petrus als Zunft-Patron. Der Apostel war offensichtlich auch Hauptpatron des Weberzunft-Altars in Heilig Kreuz, von dem sich wesentliche Teile mit der thronenden Statue des Heiligen aus der Zeit um 1510 erhalten haben. Wahrscheinlich war der Altar ursprünglich im Weber-Chörle des Gotteshauses aufgestellt, der späteren Herz Jesu-Kapelle. In der Reformationszeit tendierten die Rottweiler Weber mit Michael Furtenbach an der Spitze eher zur neuen Lehre.

Im Jahre 1615 wurden aus der vergleichsweise starken Weberzunft 79 Männer gemustert, 1675 nur noch 33. 1757 gab es nach der Steuerrolle in Rottweil 16 Weber und 4 Seiler. 1874 wurden in der inzwischen württembergisch gewordenen Oberamtsstadt nur noch vier Weber und drei Seiler festgestellt. Die beiden Handwerke gingen bald danach unter, so dass sie auch nicht als Zunftgemeinschaft zur Pflege kirchlichen Brauchtums überleben konnten.

Foto: Stadtarchiv Rottweil
Die Zunftfahne der Rottweiler
Weber von 1780 mit dem
Heiligen Petrus
im Stadtmuseum Rottweil

Die Rottweiler Zünfte von 1880 bis zur Gegenwart

Nach ihrer Wiedergründung in den Jahren um 1880 haben die Rottweiler Zünfte über die Pflege des religiösen Brauchtums im engeren Sinn hinaus beachtliche Leistungen vollbracht. Bei der letzten Restaurierung von Heilig Kreuz in Rottweil vor dem 1. Weltkrieg entstanden das große Zunftfenster beim Südportal des Münsters und in der Nepomuk-Kapelle das Glasfenster der Malerzunft in der Rottweiler Glasmanufaktur der Gebrüder Wilhelm. Selbst finanziert wurde ebenso das schmiedeiserne Gitter zur sachgerechten Verwahrung der Zunftlaternen in Heilig Kreuz.

Foto: Stadtarchiv Rottweil
Zunftfenster von 1914 im Heilig Kreuz-Münster in Rottweil

Erfolgreich abgewehrt werden konnte im Dritten Reich der Versuch, die Zunftaltertümer ans Germanische Nationalmuseum zu bringen. Sprecher der Rottweiler Zünfte waren bis 1960 die Kaufleute Alfons Rosenstock und nach ihm bis 1967 Gustav Dorn. 1967 übernahm Glasermeister Willi Schwaibold diese Aufgabe und widmete sich ihr mehr als 35 Jahre. In dieser Zeit begannen die Rottweiler Zünfte sich über die Grenzen ihrer alten Handwerke personell zu öffnen. Werner Weiss hat sich mit anderen erfolgreich bemüht, im Bestand bedrohte Zünfte zu erhalten oder wiederzugründen.

Foto: Hartwig Ebert
Monatsprozession im Rottweiler Heilig Kreuz-Münster (2002)

Das Jahr über treten die Zünfte einmal im Monat sonntagabends im Heilig Kreuz-Münster bei der „Monatsprozession" in Erscheinung, bei welcher sie mit den Zunftlaternen das Allerheiligste durch die Kirche begleiten. Gleichfalls mit den Zunftlaternen nehmen sie an Christi Himmelfahrt an der Öschprozession teil, an der Fronleichnamsprozession mit Zunftlaternen, Fahnenbegleitung und der Zunftfahne. Der Fronleichnamstag, der „Herrentag", ist dann auch nach dem Gottesdienst und der feierlichen Prozession durch die Stadt d e r Tag für die Zünfte, die sich in ihren Zunftlokalen zum Essen treffen. Für gewöhnlich werden sie dabei von den kirchlichen und weltlichen Persönlichkeiten der Stadt aufgesucht. Es erfolgt bei diesem Anlaß die jährliche Abrechnung über die jeweiligen Zunftfinanzen. Schließlich sind bei dieser Gelegenheit am besten in Rede und

Gegenrede eher humorige Beiträge zu hören, die an Zürcher Zunftbrauchtum erinnern, wie es im Zusammenhang mit dem „Sechseläuten" gepflegt wird.

Foto: Stadtarchiv Rottweil
Fronleichnamsprozession in Rottweils unterer Hauptstraße (etwa um 1960)

Mit der Zunftfahne werden Verstorbene aus den einzelnen Zünften zu Grabe geleitet, neuerdings nehmen Fahnen-Abordnungen auch an Hochzeiten von Zunftmitgliedern teil. Das Jahr über versammeln sich die Zunftangehörigen zum Jahrtag für die Verstorbenen und sitzen anschliessend zusammen, wobei es meist kulturelles Begleitprogramm in Gestalt eines kleinen Vortrags zu Geschichte und Bedeutung der Rottweiler Zünfte oder einzelner von ihnen gibt. Zum 1. Mai wurde in den letzten Jahren meist auf Veranlassung aus der Metzgerzunft ein Maibaum auf dem Kapellenhof aufgestellt.

Besondere Feste bei den Rottweiler Zünften sind und waren bis heute Fahnenweihen einzelner Zünfte, die 600-Jahrfeier der Krämer- und Glaserzunft im Jahre 1978 unter Teilnahme des indischen Kardinals Joseph Parecattil, der Gedenk-Tag der Schuhmacherzunft im Jahre 1997 aus Anlaß der ersten namentlichen Erwähnung eines Rottweiler Schuhmachers im Jahre 1297 sowie die Beteiligung an den Rottweiler Heimattagen im Jahre 2003 mit einer Ausstellung der Zunftfahnen in der Kreissparkasse und am Festzug.

Foto: Karl Hezinger
Der Rottweiler Maibaum mit Handwerks- und Zunftwappen (2002)

Rottweiler Zunftaltertümer

Aus der großen Zeit der Rottweiler Zünfte sind im Vergleich zu anderen Reichsstädten nur noch wenige Gegenstände vorhanden, welche einen Eindruck vom Leben in diesen einst so wichtigen Körperschaften der Reichsstadt und der früheren württembergischen Oberamtsstadt geben können. Es fehlen beispielsweise völlig Trinkgefäße und Pokale, wie sie sonst unter der Bezeichnung „Zunftsilber" zusammengefaßt sind. Sie gingen meist im 30jährigen Krieg oder in der Zeit der napoleonischen Kriege verloren. Damals mußten sie zu Geld gemacht werden, um Plünderung und Brandschatzung von Rottweil abzuwenden. Erst in neuerer Zeit kamen einzelne Zünfte wieder in den Besitz von Trinkgefäßen aus Zinn oder fein geschliffenem Glas. Ähnlich sind auch von den Rottweiler Zunft- und Handwerkssiegeln nur noch einzelne Stücke erhalten, so das Metzgersiegel von 1706 und das Siegel der Rottweiler Bader und Chirurgen von 1713.

In größerer Zahl erhalten blieben Rottweiler Zunftladen. In diesen sorgfältig und kunstvoll gearbeiteten Truhen wurden die Artikel einzelner Zünfte oder Handwerke aufbewahrt, ebenso wichtige Dokumente wie Lehrverträge oder Kaufbriefe über den Besitz der Zunft. Die Zunftladen befanden sich gewöhnlich in den Zunfthäusern oder den Zunftherbergen. Zusammenkünfte der Zünfte wurden mit dem „Auftun der Lad" offiziell eröffnet.

Foto: Stadtarchiv Rottweil
Zunfttruhen der Rottweiler Metzger von 1729 bzw. 1762 (rechts) im Stadtmuseum Rottweil

Die erhaltenen Rottweiler Zunftladen stammen durchweg aus dem 18. Jahrhundert und sind teilweise beachtliche Zeugnisse der Rottweiler Schreinerkunst, vor allem die Metzger-Lade von 1762 mit kunstvollen Intarsien und einer eingearbeiteten Schlachtszene. Gekonnt bemalt ist beispielsweise auch die Lade des Drechsler-Handwerks.

Foto: Stadtarchiv Rottweil
Handwerkslade der Rottweiler Seiler von 1767 im Stadtmuseum Rottweil

Nach auswärts verkauft wurde die Meistertafel der Rottweiler Schuhmacherzunft von 1642. Sie zeigt als kleineres Wandschränkchen auf ihren Flügeln die Heiligen Crispin und Crispinian als Schutzpatrone der Schuhmacher und diente zur Feststellung der Anwesenheit der Schuhmachermeister bei den Sitzungen ihrer Zunft. Die Rottweiler Maler besitzen ein ähnliches, wenngleich jüngeres Schränkchen für ihre Zunftgegenstände.

Foto: Stadtarchiv Rottweil
Meistertafel der Rottweiler Schuhmacherzunft von 1642
Original im Museum für Volkskultur in Waldenbuch

Die Zunftzeichen waren Symbole der Zusammengehörigkeit der einzelnen Zünfte. Während die älteren erhaltenen Stücke in Rottweil kunstvolle Blechschneidearbeiten darstellen, wurden später die Zeichen der Zünfte in kleinen Glaskästchen gezeigt, die in den Zunftstuben aufgehängt waren. In den letzten Jahrzehnten sind auch neue Zunftzeichen entstanden, die man in Rottweiler Wirtshäusern wie dem Goldenen Apfel oder dem Goldenen Becher entdecken kann. In Einzelfällen blieben auch Zunftstuben der Reichsstadtzeit erhalten, so im „Mohren" die der Müller und Bäcker, in der „Blume" jene der Schneiderzunft.

Für kirchliche Anlässe schufen sich die Rottweiler Zunfthandwerker Prozessionslaternen, von denen sich 16 Laternen-Paare erhalten haben. Sie datieren durchweg aus dem 18. Jahrhundert und sind demnach in allen Stilstufen der Kunstgeschichte dieser Zeit gehalten, vom Hochbarock bis zum Klassizismus. Es ist mit Sicherheit anzunehmen, daß die heutigen Laternen schon Vorgängerinnen in der Zeit vor 1700 hatten. Geschaffen wurden sie in Zusammenarbeit von Bild- und Zieratenschnitzern, Faßmalern, Schlossern und Glasern. Vielfach tragen sie die Namen früherer Träger aus den einzelnen Zünften. Es scheint, daß sie zur Reichsstadtzeit teilweise anders zugeordnet waren als heute.

In Heilig Kreuz erhalten geblieben sind in wesentlichen Teilen der Petrus-Altar der Rottweiler Weber sowie vom Schmied-Altar die Statue des Heiligen Elogius. Die Stuhlwangen des nach dem Stadtbrand von 1696 entstandenen Kirchengestühls zeigen Wappen und Zeichen einzelner Rottweiler Zünfte und Handwerke. Dies gilt auch für Schlußsteine im Gewölbe des Münsters.

Der Stolz der heutigen 15 Rottweiler Zünfte sind ihre Zunftfahnen. Als Prozessionsfahnen werden sie nicht auf der Schulter, sondern vor dem Körper getragen. Sie zeigen in der Regel in Kartuschen das Zeichen der jeweiligen Zunft und ihren Schutzpatron, gelegentlich auch die Jahreszahl ihrer Entstehung und den Namen der damaligen Zunftmeister. Die Fahnen bestehen meist aus Seidentuch, ihre Malereien sind in Öl gehalten und nicht selten beidseitig appliziert.

Erwähnt werden die wappengeschmückten „Panner" der Rottweiler Zünfte im Ratsprotokoll der Reichsstadt von 1603. Die ältesten erhaltenen Stücke sind die Fahnen der Rottweiler Schmiede und der Schuhmacher aus dem Barock. Die Schuhmacher-Zunftfahne stammt aus dem Jahr 1767 und von dem angesehenen Rottweiler Maler Johannes Steimer. Die Rottweiler Zunftfahnen haben bis heute ein Format bewahrt, wie es in den vorderösterreichischen Städten auf Befehl Josephs II. unter dem 16. Mai 1781 abgeschafft und durch kleinere, standartenartige Fahnenblätter ersetzt wurde, die der Kaiser als weniger gefährlich ansah.

Foto: Stadtarchiv Rottweil
Gesellenkundschaft der Rottweiler Schneider von 1791
(Stadtarchiv Rottweil)

Foto: Stadtarchiv Rottweil
Lehrbrief der Rottweiler Metzger von 1831
(Stadtarchiv Rottweil)

Literatur zur Rottweiler Zunftgeschichte

Alt-Rottweiler Handwerk und „Blauer Montag". RHbl. 12. Jg. (1932) Nr. 23 S.4.

M. Burkart, Rottweils Gerberzunft nach Ratsprotokollen (1583-1850). RHbl. 49. Jg. (1988) Nr. 6 S. 3 - 4.

W. Hecht, Gesellschaft und Bruderschaft der Bäcker-, Müller-und Schuhmachergesellen in Rottweil. In: Zeitschrift für Württembergische Landesgeschichte 34/45 (1975/76). S. 368 - 378.

W. Hecht, Wachsmacher und Lebzelter im barocken Rottweil. RHbl. 37. Jg. (1976) Nr. 7. S. 1 - 2.

W. Hecht, Pulver aus der Reichsstadt Rottweil. Kleine Schriften des Stadtarchivs Rottweil 4. Rottweil 1977.

W. Hecht, Das Zunfthaus der Rottweiler Kramer. RHbl. 39. Jg. (1978) Nr. 6. S.4.

W. Hecht, Aus der Geschichte der Rottweiler Mezger. RHbl. 41. Jg. (1980) Nr. 5. S. 1 - 2.

W. Hecht, Das Wandertagebuch des Franz Joseph Kramer, genannt Herrenkramer (1813 - 1873). Kleine Schriften des Stadtarchivs 5. Rottweil 1981.

W. Hecht, Die Rottweiler Scherer- und Baderbruderschaft und die Kapellenkirche. In: Kapellenkirche Rottweil 1983. Jubiläum und Wiedereröffnung. Rottweil 1983. S. 43 - 46.

W. Hecht, Die Anfänge des Bierbrauerhandwerks in Rottweil. 88. Jahresgabe des Rottweiler Geschichts- und Altertumsvereins e.V. in Rottweil. Rottweil 1987. Sonderdruck aus dem Jahrbuch 1987 der Gesellschaft für die Geschichte und Bibliographie des Brauwesens e.V., Berlin, 1987.

W. Hecht, Perücken und Perückenmacher in Rottweil. RHbl. 49. Jg. (1988) Nr. 5. S. 1.

W. Hecht, Die Rottweiler Kammacher. RHbl. 51. Jg. (1990) Nr. 3. S. 4.

W. Hecht, Aus der Geschichte der Rottweiler Schuhmacherzunft. RHbl. 58. Jg. (1997) Nr. 5. S. 1 - 3.

W. Hecht, Rottweiler Uhrmacher der Reichsstadtzeit. RHbl. 61. Jg. (2000). Nr. 3. S. 2 - 3.

W. Hecht, Vom Küferhandwerk in Rottweil. RHbl. 61. Jg.(2000) Nr. 5. S. 1 - 3.

W. Hecht, Zur Hafnerei in Rottweil nach 1648. RHbl. 62. Jg. (2001) Nr. 3. S. 3 - 4.

W. Hecht, Buchbinderei in Rottweil vor 1802. RHbl. 62. Jg. (2001) Nr. 5, S. 3 - S.4

W. Hecht, Büchsenmacher in der Reichsstadt Rottweil. RHbl. 62. Jg. (2001), Nr. 6. S. 4.

A. Laufs, Die Verfassung und Verwaltung der Stadt Rottweil 1650 - 1806. Stuttgart 1963.

J. Leist, Reichsstadt Rottweil. Studien zur Stadt- und Gerichtsverfassung bis zum Jahre 1546. Rottweil 1962.

E. Mack, Beschwerden der Rottweiler Kramerzunft gegen das Weberhandwerk 1787. RHbl. 4. Jg. (1923) Nr. 11. S. 1 - 3

E. Mack, Das Rottweiler Glaser- und Malerbüchlein vom Jahre 1593. Rottweil 1927.

E. Mack, Das Rottweiler Maler- und Bildhauer-Büchlein der Barockzeit. Rottweil 1929.

E. Mack, Zwei Rottweiler Schmiedebüchlein aus dem 18. Jahrhundert. Rottweil 1930.

G. Mager, Zur Geschichte des Rottweiler Hafnerhandwerks bis zum Jahre 1643. RHbl. 53. Jg. (1992) Nr. 6. S. 2 - 4.

W. Vater, Die Goldschmiedekunst in der Reichsstadt Rottweil. Kleine Schriften des Stadtarchivs Rottweil 1. Rottweil 1972

W. Vater, Das Zinngießerhandwerk in Rottweil. RHbl. 52. Jg. (1991) Nr. 6. S. 2 - 4.

W. Wittmann, Rottweiler Dachziegel. Rottweil 1985

G. Wochner, Von der Reichsstadt zur Stadtgemeinde. Gemeindeverwaltung in der ehemaligen Reichsstadt Rottweil nach der Mediatisierung durch Württemberg im Jahre 1803. (Veröffentlichungen des Stadtarchivs Rottweil, Band 17. Rottweil 1994.)